Barbara Rörtgen • Tim Prell

WAS KOMMT BEI MIR ZU KURZ?

100 unerhörte Fragen, die dir zeigen, wer du wirklich bist

Inhalt

Für ein gelingendes Leben 4

Leben &
ARBEITEN
9

Leben &
LIEBEN
45

Leben &
DENKEN
81

Leben &
SICH-ENTWICKELN
117

Leben &
SEIN
153

Die Autoren 191
Impressum 192

Für ein gelingendes Leben

Es läuft nicht immer alles so, wie wir es gern hätten. Doch Leben ist Entwicklung und es bietet uns gerade in schwierigen Situationen die Möglichkeit, innezuhalten, bisherige Entscheidungen zu hinterfragen und uns auf das Wesentliche zu besinnen.

Die jahrzehntelange Arbeit mit Klienten hat uns fünf herausragende Themen gezeigt, die Menschen in den unterschiedlichen Lebensphasen bewegen:

? **Arbeit**
? **Liebe**
? **Denkvermögen**
? **Selbstentwicklung**
? **die Art zu sein**

Scheinbar verläuft das Leben anderer, die wir als Vorbilder sehen, oft reibungslos und glatt. Was bei näherer Betrachtung meist gar nicht stimmt. Im Gegenteil: Nicht wenige Menschen, die Außergewöhnliches geleistet haben, mussten tiefe Täler durchschreiten, um dorthin zu gelangen, wofür sie berühmt geworden sind.

Ist dieses Buch der verloren gegangene Beipackzettel für ein gelingendes Leben? Eine Gebrauchsanweisung? Das sicher nicht. Die folgenden Kapitel sind vielmehr aus der Überzeugung geschrieben, dass wir alle mehr brauchen als Rezepte. Wir brauchen ein besseres Verständnis für uns selbst – dafür, wer wir wirklich sind und was wir benötigen. Wer um seine Vergangenheit weiß, wird die eigene Entwicklung gelassener betrachten können. Wer erkennt, welchen Bedürfnissen und Motivationen er folgt, wird vielleicht nicht hinter jeder Störung oder Schieflage im Leben persönliche Defizite vermuten, sondern sich durch die richtigen Fragen Klarheit für die Zukunft verschaffen. Genau das wünschen wir Ihnen, liebe Leserinnen und Leser.

Wozu also das eigene Denken und Handeln reflektieren, hinterfragen und neu bewerten? Es bedeutet Fortschritt, wenn wir uns die richtigen Fragen stellen.

Hier ein Beispiel: Viele unserer Klienten antworteten auf die Frage, ob Sicherheit ein großes und wichtiges Bedürfnis in ihrem Leben darstelle, mit einem klaren JA und bezogen sich dabei auf den Arbeitsplatz, auf finanzielle Rücklagen und ein sorgenfreies Leben.

Dieses JA zieht in der Regel aber eine zweite Frage nach sich, nämlich die, ob dieses Sicherheitsbedürfnis ein lebendiges Leben eher behindert oder fördert. Meist konnten die Klienten zugeben, dass es hinderlich sei, weil es Spontaneität oder Veränderungsmöglichkeiten im Weg stehe.

Das Ergebnis dieser Reflexion ist gut, aber es reicht noch nicht, um sich selbst in Gänze zu erkennen. Denn es gibt dazu noch eine dritte Frage, die da lautet: Zu wem könnte dieses ausgeprägte Sicherheitsbedürfnis tatsächlich gehören? Die Antwort war immer: Damit bin ich aufgewachsen, ich habe es von meinen Eltern übernommen. Und hier kommt Klarheit in ein Denken, das bisher (unbewusst) von den Eltern geprägt war, aber nicht automatisch dem authentischen eigenen Denken entsprechen muss. Macht man sich das bewusst, kann es dazu führen, dass man ab sofort einen ganz anderen Blick auf das eigene Leben haben kann. Es wird interessant sein, herauszufinden, was man sonst noch alles an alten Gedanken oder Glaubenssätzen verwerfen kann.

Die hier behandelten Themen brennen jedem irgendwann einmal unter den Nägeln. Doch wie damit umgehen?

Es braucht Mut, sich selbst gegenüber aufrichtig zu sein. Setzen Sie sich in Ihren Lieblingssessel und machen Sie es sich gemütlich. Widmen Sie sich dem Thema, das Sie gerade am meisten bewegt. Lesen Sie die Fragen und lassen Sie die Antworten kommen. Schreiben Sie Ihre Gedanken auf und bringen Sie sie so in die Welt.

Sprechen Sie mit einer Vertrauensperson im Unternehmen, wenn es um die Arbeit geht. Und wie wär's, wenn Sie sich zusammen mit Ihrem Partner oder Ihrer Partnerin ein paar Stunden gönnen, um über die Liebe zu reflektieren? Der Blick von außen gewährt oft überraschende Einsichten. Vielleicht möchten Sie Fragen markieren, um sie eine Zeit lang in sich wirken zu lassen. Auch ein Frageabend mit Freunden ist eine Option. Wie immer Sie an ein Thema herangehen – bleiben Sie ehrlich und bewahren Sie sich Ihren gesunden Menschenverstand. Sie werden überrascht sein, wie weit Sie die neue Klarheit bringen wird. Sie werden sich über sich selbst wundern.

Barbara Rörtgen und Tim Prell

Leben &
ARBEITEN

Arbeit ist für die meisten Menschen eine Reise über viele Stationen. Nur wenige werden geboren, um einer einzigen Sache nachzugehen. Der Weg, um in Ihrem Leben Größe zu erreichen, ist Ihr ganz eigener. Obwohl sich die wenigsten zu ihrer Arbeit berufen fühlen, ist die richtige Arbeit zu finden dennoch der sicherste Weg, um Zufriedenheit zu erlangen.
Es spielt keine Rolle, wie hoch Ihre Ziele sind oder wie bescheiden, solange sie Ihrer individuellen Natur entsprechen, Ihrer Persönlichkeit. Die folgenden Fragen helfen Ihnen dabei, genau das herauszufinden.

Leben & Arbeiten

1

Bestimme ich über mein Leben?

Oder tun es andere? Wir sind Herren über unsere Entscheidungen. Denken wir jedenfalls. Schließlich treffen wir sie doch. Aber wem oder was folge ich dabei – der Moral, den Prinzipien meines Elternhauses, den Stimmen meiner Freunde, den Einflüsterungen eines Ratgebers oder meinen eigenen Wünschen und Bedürfnissen?

2

Wofür zolle ich mir Anerkennung?

Meist schätzen wir nur positive Rückmeldungen,
die wir von anderen bekommen. Wir warten förmlich darauf.
Dabei würden wir enorm an Selbstwert gewinnen,
wenn wir uns darüber bewusst wären,
was wir an uns selbst schätzen.

3

Woraus schöpfe ich Energie?

Täglich verbrauchen wir jede Menge Energie, um unser Leben auf die Reihe zu kriegen. Selbst für so banale Dinge wie den Müll runterbringen. Wenn wir unsere Energiequellen kennen, können wir sie bewusst nutzen und bei Bedarf gezielt »auftanken«.

4

Wie viel Zeit nehme ich mir für mich?

Natürlich haben wir alle viel zu tun.
Wir tragen Verantwortung und wollen, was wir zu tun
haben, gut und richtig machen. Doch was
bleibt dabei an körperlichen, seelischen oder
geistigen Bedürfnissen auf der Strecke?
Was tue ich dafür, diese Bereiche zu stärken?
Und wie konsequent reserviere ich
dafür die erforderliche Zeit?

5

Reicht mir Geld als Motivation?

Alles klar, wir werden für unsere Arbeit entlohnt, so wie es vertraglich vereinbart ist. Doch bin ich damit zufrieden? Oder empfinde ich mein Gehalt eher als Schmerzensgeld?
Will ich von meinen Kollegen und Vorgesetzten lieber mehr gesehen, gehört und gefragt werden?

6

Bei was klingeln bei mir die Alarmglocken?

Bestimmte Erfahrungen wollen wir nicht wiederholen. Worauf genau möchte ich künftig achten, was will ich vermeiden, wo innehalten, um dauerhaft in einem guten Zustand zu bleiben?

Leben & Arbeiten

7
Wofür würde ich kämpfen?

Wenn es darum geht, um etwas zu kämpfen, sollten wir zuerst darüber nachsinnen, ob wir das tatsächlich können. Denn viele Menschen neigen dazu, Konflikten oder gar Kämpfen aus dem Weg zu gehen. Um sich bedeutsame persönliche Anliegen bewusst zu machen, kann es helfen, die Situationen und Themen zu identifizieren, die uns triggern und für die wir, zumindest innerlich, auf die Barrikaden gehen.

8

Welche Expertisen habe ich bislang nicht gewürdigt?

Jenseits beruflicher Schwerpunkte besitzen
wir weitere Expertisen, denen wir jedoch oft
wenig Beachtung schenken, weil es sich »nur«
um private Interessenbereiche handelt.
Auf welchen Gebieten macht mir
so schnell keiner was vor?

9

Geld

=

Glück?

Geld in Hülle und Fülle zu haben verheißt einer verbreiteten Vorstellung zufolge Glück. Doch viele Studien haben gezeigt, dass das gar nicht stimmt. Geld soll uns ein gutes Auskommen sichern. Aber darüber hinaus? An welcher Stelle in meiner Werteskala steht Geld? Was bin ich tatsächlich bereit, dafür zu tun? Denn auch Geld hat seinen Preis.

10

Welche Rolle übernehme ich in Gruppen?

Einzelgänger dürfen bei dieser Frage aussteigen. Alle anderen sind aufgefordert, ihre Rolle in Gruppen hier und jetzt ernsthaft zu überprüfen. Denn eines ist sicher: Gruppen verändern den Einzelnen, zum Guten oder zum Schlechten. Wie sieht das bei mir aus?

11

Womit bin ich zufrieden?

Wir leben in einer sich rasant verändernden Leistungsgesellschaft, die uns oft den Blick auf uns selbst und unsere Bedürfnisse verstellt. Steige ich da noch durch? Und nehme ich mir die Zeit, um feststellen zu können, was ich wirklich brauche, damit es mir gut geht?

12

Was habe ich bei der Arbeit im Auge?

Die Uhr, den Zahltag oder die Früchte meines Tuns? Nur allzu oft sind wir auf die Erwartungen unserer Bosse fokussiert. Dabei vergessen wir häufig, worauf wir in unserem Tun eigentlich Wert legen. Weiß ich das noch?

13

Bin ich ein Konzernmensch?

Viele Global Player scheinen attraktive, sichere und zukunftsorientierte Arbeitgeber zu sein. Doch kann ich dauerhaft damit leben, meinen Platz in einer gegebenen Struktur einzunehmen und auf freien Gestaltungsspielraum zu verzichten?

14

Welchen Job würde ich machen, wenn es nur ums Geld ginge?

Schieben wir gedanklich das Streben nach beruflicher Selbstverwirklichung einmal zur Seite – was würde und könnte ich tun, wenn es nur darum ginge, meinen Lebensunterhalt möglichst effizient zu bestreiten? Und würde es mir reichen, meinen Interessen und Neigungen rein privat zu folgen?

15

Wann habe ich das letzte Mal bewusst »Nein« gesagt?

Viele Menschen sagen zu oft und zu schnell Ja, nur um einen Konflikt zu vermeiden oder eine Beziehung nicht zu belasten. In der Folge übernehmen sie zu viel Verantwortung und steigern – unfreiwillig – die Arbeitsbelastung bis an die Grenze, ohne dafür die verdiente Anerkennung zu bekommen. Wann bin ich das letzte Mal für mich eingetreten, habe »Nein« zu etwas gesagt und es tatsächlich so gemeint?

16

In den Dienst welcher Sache würde ich mich stellen?

Das Wort dienen hat in unserer Gesellschaft einen schlechten Beigeschmack. Dabei kann es sehr befriedigend sein, persönliche und fachliche Kompetenzen für einen sinnvollen Zweck einzusetzen und diesen über den eigenen Vorteil zu stellen. Welcher sinnvollen Aufgabe möchte ich mich widmen?

17
Was wage ich, um meine Arbeitssituation zu verbessern?

Stelle ich Forderungen?
Hoffe ich auf Erlösung?
Oder ergebe ich mich in die Umstände?

Leben & Arbeiten

18

Wann bin ich am besten?

Wir wissen von Athleten, dass Höchstleistungen auch immer eine Frage der Rahmenbedingungen sind, unter denen sie erbracht werden.
Welche konkreten Voraussetzungen brauche ich, um wirklich gut zu sein?

19

Wo steht mir die Moral im Weg?

Unser modernes Wirtschaftssystem kennt den Begriff der Moral im Grunde nicht. Gut und erlaubt ist, was effizient Profite sichert. Menschen mit eigenen Moralvorstellungen können da schnell in einen Konflikt geraten. Wo stoße ich an meine Grenzen? Und wie gehe ich damit um?

20

Was bewege ich?

Wo und wie erlebe ich,
dass die Energie,
die ich in meine Arbeit investiere,
ganz real zu etwas führt?

Leben &
LIEBEN

Liebe meint nicht in erster Linie, geliebt zu werden, sondern genauso, selbst zu lieben. Das heißt, auch zu geben und nicht nur zu empfangen. Wer alle liebt, liebt niemanden, doch wenn man eine Person liebt, weiß man, dass alle der Liebe würdig sind und dass niemand seiner Würde beraubt werden darf. Liebe kann also auch zu Gerechtigkeit führen. War Ihnen das schon bewusst? Zu diesem Thema gibt es unzählige »Experten«. Befragen Sie sich und finden Sie heraus, was Sie unter Liebe verstehen und wie Sie sie leben.

Leben & Lieben

1

Traue ich dem Gefühl der Liebe überhaupt?

Eher JA oder eher NEIN?
Und was bedeutet das für mein Leben
und für meine Beziehungen?

2

Welche Menschen ziehen mich an?

Hier hilft der Blick in die Vergangenheit. Sind es die Menschen, bei denen ich mich wohlfühle, oder solche, die mir Angst machen, oder diejenigen, die meine alten Muster bedienen?

3

Welche Menschen ziehe ich an?

Ziehe ich überhaupt Menschen an?
Oder weise ich sie eher ab? Und wenn
ich Menschen anziehe, sind sie dann
die für mich richtigen oder sind es
stets die falschen? Was sagt meine
Wahl über mich aus?

4

Lasse ich meine Liebe fließen?

Oder dosiere ich sie? Das ist eine
Frage des Selbstvertrauens. Bleibe ich
misstrauisch und versuche ich, meine
Gefühle unter Kontrolle zu bringen?
Oder kann ich mich der Gefahr aussetzen,
mich verletzbar zu machen?

5

Wen habe ich glücklich gemacht?

Da wir zu oft damit beschäftigt sind, eigene Mängel oder Fehler zu identifizieren, oder uns darauf konzentrieren, was uns glücklich macht, tut ein anderer Blick gut, als Gegengewicht gewissermaßen. Wie sieht meine Bilanz aus?

Leben & Lieben

6
Würde ich meine Bekanntschaft machen wollen?

Wir selbst kennen uns besser als jeder sonst. Stelle ich, auch im Rückblick, eher eine Bereicherung, eine Gefahr oder eine Irritation für andere Menschen dar?

7
Wem würde ich mein Leben anvertrauen?

Die Frage ist: Kann ich überhaupt einem anderen
Menschen so weit vertrauen oder nur mir selbst?
Oder ist Vertrauen so gar nicht meine Sache?

Leben & Lieben

8

Soll mich der Mensch, den ich liebe, heilen, erlösen, befreien?

Generell haben wir große Erwartungen an diejenigen, die wir lieben. Was es auch ist – gebe ich meinen Erwartungen Ausdruck oder warte ich fast darauf, enttäuscht zu werden?

9

Kann ich in der Liebe verletzlich bleiben?

Auch auf die Gefahr hin, dass mir der oder die andere wehtut? Im Laufe des Lebens haben wir gelernt, uns vor Verletzungen durch andere Menschen zu schützen. In der Liebe sind diese Schutzmechanismen hinderlich. Förderlich wäre Hingabe. Bin ich dazu bereit?

10

Welche Rolle übernehme ich in Beziehungen?

Neue Liebe, neues Glück? Man sollte meinen, dass in jeder neuen Beziehung alles auf Anfang steht. Doch wir neigen dazu, alte Beziehungsmuster in neue Beziehungen hineinzutragen. Welche Muster kann ich rückblickend erkennen? Welche Rolle nehme ich, vielleicht unbewusst, immer wieder ein?

11

Haben meine Wünsche einen Preis?

In Bezug auf unser Liebesleben haben wir in der Regel viele, oftmals unausgesprochene Wünsche. Was wir dabei häufig vergessen: Beziehung bedeutet auch Arbeit. Wie kann mein Beitrag zur Erfüllung meiner Beziehungswünsche aussehen? Bin ich tatsächlich bereit, diese Energie einzubringen?

12

Was läuft beim Sex schief?

Lebe ich meine Sexualität aus ganzem Herzen? Oder passe ich mich an? Gebe ich mir Mühe, meine erotischen Bedürfnisse – und die meines Partners, meiner Partnerin – immer weiter zu entdecken, oder gebe ich auf? Spreche oder schweige ich?

13

Welche Arten von Liebe kenne ich?

Die Liebe hat bekanntlich viele Gesichter — mal kommt sie stürmisch daher, mal ist sie beständig, dann wieder fordernd oder auch fürsorglich. Welche Spielarten habe ich in meinem Leben bereits kennengelernt? Auf welche bin ich neugierig?

Leben & Lieben

14

Bin ich mir selbst gegenüber nachsichtig?

RuPaul hat es treffend formuliert: »If you can't love yourself, how in the hell are you gonna love somebody else?« Unsere Liebesfähigkeit hängt elementar davon ab, wie sehr wir uns selbst zu lieben vermögen.
Wie liebevoll ist mein Blick auf mich? Bin ich mir selbst gegenüber gnadenlos oder gnädig?

15

Welche Enttäuschung habe ich nie verwunden?

Neutral betrachtet ist jede Enttäuschung eine gescheiterte falsche Erwartung. Überwundene Enttäuschungen können erleichtern, weil sie Klarheit schaffen für die Zukunft. Enttäuschungen, an denen wir festhalten, belasten eher, weil wir an jeden neuen Partner den unmöglichen Anspruch stellen, unsere in Schieflage geratene Vorstellungswelt wieder geradezurücken. Woran halte ich fest, obwohl es nicht (mehr) stimmt?

16

Liebe ich nur, um wieder-geliebt zu werden?

Es ist schon so eine Sache mit der selbstlosen Liebe, die gibt, ohne etwas zu wollen. Zeit, ehrlich zu sein. Hat meine Liebe einen Preis?

17

Festhalten oder loslassen?

Welchem Impuls folge ich in der Partnerschaft?
Wir wünschen uns doch alle, dass eine glückliche
Beziehung Bestand hat – auf ganz
unterschiedlichen Wegen. Kann ich meinem Partner
Freiheit und Freiwilligkeit lassen?
Oder muss ich ihn an mich binden und kontrollieren?

18

Hat Liebe je mein Leben verändert?

Ja, die Liebe vermag das. Ob im Großen oder im Kleinen. Habe ich mich je so weit eingelassen, dass eine Veränderung hätte geschehen können?

19

Was erregt mich?

Häufig sind es weniger die brachialen
Reize, die uns in Wallung bringen, sondern
Feinheiten und Details — ein Blick oder
Einblick, ein Geräusch oder ein Duft. Zeit,
die eigenen Reaktionen zu beobachten.

20

Gehen oder bleiben?

Die Frage der Fragen, die sich in jeder Beziehung einmal stellt. Hier und jetzt: Was sagt mein Bauch, was sagt mein Kopf und wem von beiden folge ich?

Leben &
DENKEN

Wie gut wir leben, wie überlegt, wie großmütig, wie anständig, wie freudig, wie liebevoll, das hängt sowohl von unserem Denken ab als auch von der Art, wie wir dieses Denken auf alles anwenden.
Wenn Sie sich für Ihre eigene Art zu denken sensibilisieren wollen und neugierig darauf sind, worin Ihr Denken wurzelt, dann stellen Sie sich ein paar der nachfolgenden Fragen und schon kennen Sie sich besser als zuvor.

1

Denke ich in Möglichkeiten?

Oder fällt mir als Erstes ein, was nicht machbar ist? Wir alle haben unsere Denkbarrieren. Wir haben Erfahrungen gemacht und sind ernüchtert, weil wir meinen, erkannt zu haben, was nicht geht. Doch Entwicklung ist nur möglich, wenn wir an den Erfolg glauben, egal wie naiv das fürs Erste scheinen mag. Habe ich diesen Glauben und lasse ich für mein Denken Spielraum zu?

2

Wer denkt anders als ich und was könnte daran gut sein?

Selten stellen wir unseren Ansatz zu denken infrage. Um auf neue Ideen und Lösungen zu kommen, kann es aber sehr hilfreich sein, die Perspektive zu wechseln.

3

Nehme ich mir Zeit zum Reflektieren?

Gerade wenn es hektisch wird, neigen wir dazu, überstürzt zu handeln, ohne alternative Vorgehensweisen zu erwägen. Wie viel Zeit nehme ich mir, um meine Vorgehensweise zu überdenken?

4

Überzeugung oder Erfahrung – worauf baue ich?

Aus Erfahrungen werden viele Menschen nicht unbedingt klug. Lieber halten wir an scheinbar bewährten Einstellungen und Vorgehensweisen fest. Welche Erfahrung könnte dazu führen, eine neue Richtung einzuschlagen?

5

Ist mein Denken fortschrittlich?

Sich weiterentwickeln heißt Schritte ins Unbekannte, Unbewiesene gehen. Unser Denken speist sich aber in weiten Teilen aus Bekanntem, Erprobtem und Bewiesenem. Kann ich im Denken etwas wagen und die Komfortzone verlassen?

6

Kann ich im Scheitern eine Chance sehen?

Wenn etwas nicht wie geplant läuft, geben wir häufig auf. Vielleicht sehen wir uns sogar in unserer Hoffnungslosigkeit bestätigt. Doch ein ungeplanter Ausgang, eine unvorhergesehene Entwicklung muss nicht von Nachteil sein, im Gegenteil. Habe ich das selbst schon mal erlebt?

7

Habe ich wertvolle Erkenntnisse übersehen?

Mit jeder noch so alltäglichen Erfahrung können wir zu Erkenntnissen gelangen, die unser Denken und Handeln verändern. Dazu müssen wir uns allerdings diese Erfahrungen bewusst machen. Welche Erfahrungen, groß oder klein, habe ich im Sinne des Erkenntnisgewinns übersehen?

8

Denken oder Intuition – wem vertraue ich mehr?

Das sogenannte Bauchgefühl genießt allgemein weniger Ansehen als die Ergebnisse, die unser Verstand produziert. Ungeachtet der gesellschaftlichen Bewertung, was gibt bei meinen Entscheidungen tatsächlich den Ausschlag?

9

Woran glaube ich, ohne es zu hinterfragen?

Oft richten wir unser Handeln an Glaubenssätzen aus, die wir nicht überprüfen. Gleichwohl beeinflussen sie maßgeblich unsere Einstellung zu den Dingen, ja auch zu uns selbst. Welche Glaubenssätze sind es und wie fördern oder behindern sie mich?

10

Bin ich Gefangene(r) meiner Kultur, meines Bildungsstandes?

Ohne dass es uns bewusst wäre, wird unsere Art zu denken in vielem von den kulturellen Gepflogenheiten und den Einstellungen unserer gesellschaftlichen Schicht geprägt. Welche selbstverständlichen »Wahrheiten« sollte ich infrage stellen?

11

Weiß ich, dass ich Entscheidungen jederzeit korrigieren kann?

Jede Entscheidung ist nur so gut wie das Wissen und die Erfahrung, die ihr zum Entscheidungszeitpunkt zugrunde liegen. Die meisten Entscheidungen lassen sich jederzeit durch neue korrigieren, wenn wir es besser wissen oder zu neuem Wissen gelangen. Entgegen der landläufigen Ansicht sind nur wenige unserer Entscheidungen unumkehrbar. Welche Entscheidung kann und will Ich revidieren?

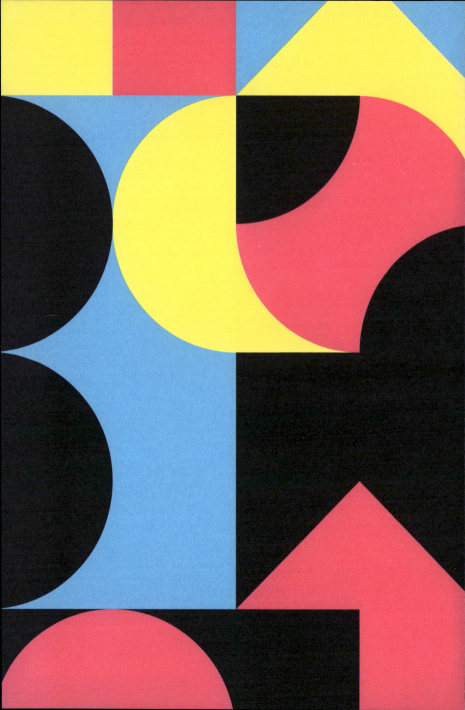

12

Wo finde ich Inspiration?

Für den, der sucht, lässt sich
Anregung nahezu überall finden.
Die Frage ist: Wie offen und beweglich
ist meine Wahrnehmung?

13

Ist mein Denken gemeinschaftsorientiert?

»ICH, ICH, ICH« — das ist das Gegenteil von dem, was hier gemeint ist. Bin ich in der Lage, die Auswirkungen meiner Absichten, Pläne und Handlungen auf andere zu berücksichtigen und miteinzubeziehen?

14

Habe ich eine eigene Meinung?

So bitter die Einsicht ist: Was wir als Meinung äußern, haben wir häufig unreflektiert von anderen oder von den Medien übernommen. Würden wir die Dinge von verschiedenen Seiten betrachten und sie aufgrund eigener Überzeugungen und Werte beurteilen, könnten wir zu einer authentischen Meinung kommen. Zu wie viel Prozent, grob geschätzt, kann ich für das, was ich sage, uneingeschränkt einstehen?

15

Ist mein Geist im Alltag über- oder unterfordert?

Wir sind alle mehr oder weniger gestresst. Berufliche und private Anforderungen, ein abwechslungsreiches Zeitmanagement und unser Konzentrationsvermögen sind reichhaltig. Aber bekommt mein Geist bei dem ganzen energieaufwendigen Herumjonglieren zu wenig nährendes Futter?

16

Was bedeutet Anstand für mich?

Manche Wörter scheinen aus der Mode gekommen zu sein, dabei sind sie mehr denn je von Bedeutung. Anstand zum Beispiel. Während wir eine ungefähre Vorstellung davon haben, was es bedeutet, »unanständig« zu sein, sind wir bei der positiven Variante des Begriffes häufig ratlos. Inwieweit kann Anstand eine Bereicherung für mein Leben darstellen?

17

Wovon befreit mich eine Krise?

Im Homeoffice bleibt mir die Auseinandersetzung mit unliebsamen Kollegen erspart, wenn ich krank im Bett liege, kann ich die Verantwortung anderen überlassen und bin befreit von der Routine des Alltags.
Was noch?

Leben & Denken

18

Reflektieren meine Entscheidungen meine Werte?

Der erste Gedanke müsste sein:
Bin ich mir über meine Werte überhaupt im Klaren? Und nehme ich sie ernst genug, um sie zur Grundlage meiner Lebensgestaltung zu machen?

# 19

Kann ich Sinn und Zweck unterscheiden?

Sinn im Sinne von Erfüllung und Zweck im Sinne von Sachdienlichkeit sind zwei sehr unterschiedliche Beurteilungskriterien einer Sache, einer Beziehung, eines Jobs. Kann ich das eine vom anderen trennen und erkennen, was wichtiger für mich ist?

20

Was, wenn das schon alles war?

Gerade als junge Menschen leben wir in dem Gefühl, unendliche Chancen und Möglichkeiten zu haben. Je älter wir werden, desto mehr relativiert sich dieses Gefühl. Wie wäre die Bilanz, wenn ab heute alles so bliebe, wie es ist?

Leben & SICH-ENTWICKELN

Entwicklungen und Veränderungen sind ein natürlicher Teil des Lebens. Wer sich seinen Lebensabschnitten mit wacher Haltung nähert, dem bieten sie die Möglichkeit zu persönlichem Wachstum und einer Feinabstimmung des Lebens, die vielleicht bisher vernachlässigt wurde.
Mit anderen Worten: Es gibt Zeiten, in denen man wissen muss, was zu tun ist, und es gibt Zeiten, in denen man es nicht wissen kann. Wo stehen Sie gerade?

1

Lebe ich mich oder werde ich gelebt?

Wir neigen dazu, uns als selbstbestimmter zu erleben, als wir es tatsächlich sind. Neben realen Abhängigkeiten haben Menschen in unserem nahen Umfeld oft deutlich mehr Einfluss auf wegweisende Entscheidungen, als wir uns eingestehen wollen. Wer? In welcher Art? In welchem Ausmaß?

2

Was sollte ich loslassen?

Selbst was einmal schön, nützlich oder förderlich war, kann irgendwann zur Belastung werden. Woran halte ich aus Gewohnheit fest, das eigentlich nicht mehr zu mir gehört – Dingen, Beziehungen, Glaubenssätzen?

3

Kann ich Risiken eingehen?

Auf der sicheren Seite findet in der Regel wenig Entwicklung statt. Etwas zu riskieren meint, etwas zu beginnen, dessen Ausgang ungewiss ist. Inwieweit bin ich bereit, Sicherheit aufzugeben und ein Scheitern zu riskieren, um meiner Neugier und meiner Entwicklung Raum zu geben?

4

Was bestimmt mein Leben?

Wenn wir in manchen Angelegenheiten das Gefühl haben, machtlos zu sein, halten wir häufig die äußeren Umstände und Anforderungen für verantwortlich. Welchen Faktoren ergebe ich mich, statt sie zu verändern?

5

Warum bin ich von meinem Körper enttäuscht?

Der gesellschaftlich geprägte Anspruch an den eigenen Körper ist enorm hoch. Nicht nur im Hinblick auf Ästhetik, sondern auch unter den Gesichtspunkten von Leistungsfähigkeit und Ausdauer. Lässt mein Körper mich tatsächlich im Stich oder vergleiche ich mich unnötigerweise?

6

Wie viel Zeit widme ich meiner Entwicklung, wie viel meiner Zerstreuung?

Es mag überraschend klingen, dass man bei all dem Stress, der Zerstreuung und dem Abschalten so etwas wie Selbstentwicklung überhaupt auf dem Schirm haben kann. Aber wer hat gesagt, dass die Zeit, die man seiner Entwicklung widmet, nicht auch dem Abschalten dienen kann?

7

Will ich das Beste aus mir machen?

Wahrscheinlich haben wir alle irgendwann direkt oder indirekt die Aufforderung erhalten, »etwas Anständiges aus uns zu machen«. Häufig hat dieser Appell soziale Absicherung und den Status im Blick – das lassen wir hier außer Acht. Was wäre das Beste, was ich aus mir machen könnte?

8

Kann ich mein Leid verringern?

Weil wir es angesichts des extremen Leids in der Welt nicht für relevant halten, bagatellisieren wir häufig unser eigenes, alltägliches Leid. Sei es der stichelnde Kollege, der Druck, den wir uns selbst machen, oder der Mangel an Liebe in einer Beziehung. Nehme ich solches Leid überhaupt ernst? Was tue ich dagegen?

Leben & Sich-Entwickeln

9

Wie erzähle ich meine Geschichte?

Im Lauf der Zeit haben wir gelernt, unser Leben, unsere Erfahrungen, unsere Erfolge und Misserfolge in einer Art von Prosa zu schildern, die uns zwar gut dastehen lässt, aber nicht selten Themen verharmlost, denen wir uns stellen sollten, wenn wir uns in unserer Entwicklung ernst nehmen. Erzähle ich zum Beispiel von traumatischen Kindheitserlebnissen als lustigen Anekdoten, um den eigenen Schmerz zu dämpfen? Wie sieht meine Prosa aus?

10

Stehe ich hinter mir?

Und wenn nicht, hinter wem dann?
Oft sind wir gut darin, uns für andere einzusetzen
und sie nach Kräften zu unterstützen.
Neige ich dazu, mich selbst aus dem Blick
zu verlieren? Und macht mich das zu
einem besseren Menschen?

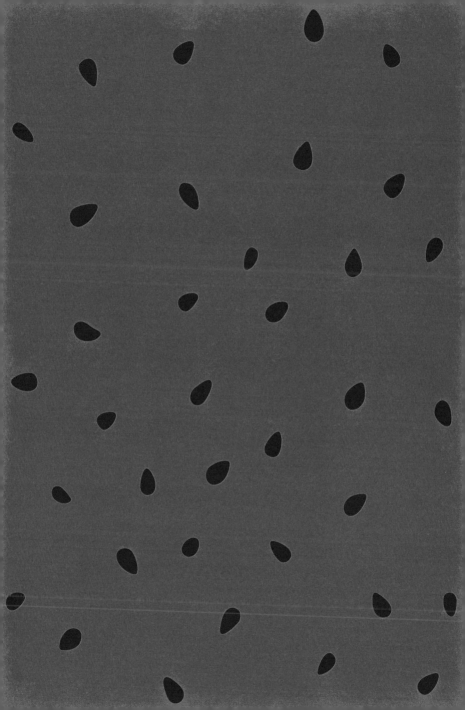

11

Welche Interessen verfolge ich tatsächlich?

Interesse definiert sich folgendermaßen: ein Thema, das ich über einen langen Zeitraum immer weiter gedanklich vertiefe. Dauer und Vertiefung sind also die entscheidenden Faktoren. Habe ich Interessen, die dieser Definition standhalten?

12

Worauf warte ich?

»Wann, wenn nicht jetzt?« klingt einfacher, als es tatsächlich ist. Oft scheinen wir in Umstände und Rücksichtnahmen verflochten zu sein, die uns davon abhalten, genau jetzt zu tun, was wir für richtig oder wichtig halten. Was hält mich ab?

13
Mag ich mich mehr oder weniger als vor zehn Jahren?

Zehn Jahre können in unserer Entwicklung ein entscheidender Zeitraum sein. Wie habe ich mich — bewusst oder unbewusst — verändert? Und gefällt mir diese Veränderung?

Leben & Sich-Entwickeln

14

Nehme ich mich selbst ernst?

Wie oft nehme ich mir vor, etwas zu bewegen, entschließe mich, meine Bedürfnisse mehr in den Vordergrund zu stellen, bin mir sicher, beim nächsten Mal alles anders zu machen – und halte mich doch nicht daran, verschiebe es und finde Ausreden'?

15

Wohin führen meine Sorgen?

Ob es um Kinder, Partner, sichere Jobs, die Zukunft oder das liebe Geld geht — wir machen uns Sorgen und lassen uns von ihnen manchmal regelrecht auffressen. Was wir uns selten fragen: Welchen konkreten Nutzen stiftet eigentlich die Sorge in meinem Leben? Wozu bringt sie mich? Wovon hält sie mich ab?

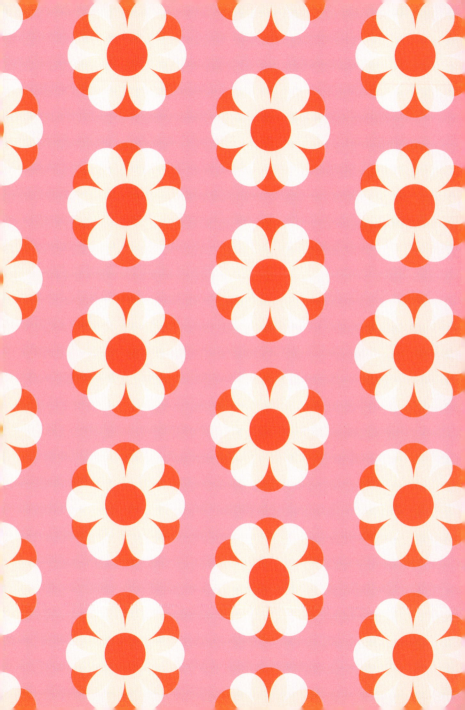

16

Habe ich ein Bild von meiner Zukunft?

Natürlich ist es jedem unbenommen, die Zukunft einfach geschehen zu lassen und in den Tag hinein zu leben. Gerade in stressvollen Zeiten kann das eine schöne Vorstellung sein. Zukunft zu gestalten setzt allerdings voraus, dass ich eine anziehende Vorstellung von ihr entwickeln und zuträgliche Entscheidungen treffen kann. Will und kann ich das?

Leben & Sich-Entwickeln

17

Warum lüge ich?

Lassen wir mal die nützlichen, fast reflexartigen Alltagslügen außer Acht und betrachten nur die bewussten, vorsätzlichen. In welchen Situationen halte ich eine Lüge für zuträglicher als die Wahrheit? Und was könnte passieren, wenn ich stattdessen doch einmal der Wahrheit eine Chance geben würde?

18
Was ist mein negativster Gedanke über mich?

Wir alle haben den bösen kleinen Kobold auf der Schulter sitzen, der uns kritisiert, die innere Stimme, die immer nur nörgelt und die Peitsche schwingt. Was ist das Schlimmste überhaupt, das ich mir vorwerfe zu sein oder nicht zu sein?

19

Worin unterscheidet sich mein Leben von dem meiner Eltern?

»Ich will nie wie meine Eltern werden.« Diese Selbstaufforderung drückt ein natürliches Abgrenzungsbedürfnis junger Menschen aus. Mit fortschreitendem Alter relativiert sich dieser Anspruch zunehmend. Zeit für eine ehrliche Bestandsaufnahme. Inwieweit bin ich diesem Anspruch gerecht geworden und was macht diese Erkenntnis mit mir?

20

Habe ich meinem Leben je eine neue Wendung gegeben?

Mal abgesehen von kosmetischen Korrekturen wie der Veränderung der Frisur, einem neuen Hobby oder dem Wechsel des Arbeitgebers – habe ich schon mal die Entscheidung getroffen, mein Leben »auf den Kopf zu stellen«? Und es dann auch gemacht?

Leben &
SEIN

Heutzutage besteht die Tendenz, sehr aggressiv mit sich selbst umzugehen, sich zu analysieren, Schwächen aufzudecken und sie zum Zwecke der Selbstoptimierung zu bearbeiten. Dabei gibt es einen viel sanfteren Weg für den Umgang mit sich selbst: die Akzeptanz dessen, was da ist. Vom eigenen Dasein beeindruckt zu sein, mit all seinen Stärken und Schwächen, ist allemal besser, als einer perfekten Vorstellung nachzujagen, die formal attraktiv, aber inhaltlich leer ist.

Die Fragen auf den nächsten Seiten können dabei helfen, bei sich zu bleiben, sich nicht zu vergleichen, sondern sich wieder einmal neu kennenzulernen.

1

Wann hat in meinem Leben einmal alles gestimmt?

Manchmal scheint sich in unserem Leben auf fast magische Weise alles zum Guten zu fügen: Im Job läuft es rund, in der Beziehung lodern die Flammen, wir haben ausreichend Sex, tolle Freunde und genügend spannende Erlebnisse und somit ausnahmsweise nichts zu meckern. In welcher Phase hatte ich tatsächlich das Gefühl, in MEINEM Leben angekommen zu sein? Welche Faktoren waren dafür ausschlaggebend?

Leben & Sein

2

Wie lange halte ich es mit mir aus?

Unser Leben ist geprägt von Arbeit und der Ablenkung davon. Kenne ich Langeweile, Alleinsein oder Müßiggang überhaupt noch? Und wie fühle ich mich, wenn ich gerade nichts leiste?

3

Mein Verhältnis Kopf/Bauch in Prozent?

Die meisten Menschen der westlichen Welt
sind Kopfmenschen, weil sie dafür gelobt,
anerkannt oder bezahlt werden. Höre ich
nur nicht auf meine Intuition oder macht
sie sich gar nicht mehr bemerkbar?

4

Über wen erhebe ich mich?

Um ein fehlendes gutes Gefühl für sich selbst zu bekommen, erhebt sich der Stärkere über den Schwachen und der Schwache über den noch Schwächeren. Brauche ich jemanden, der schwächer ist als ich, um mich stark zu fühlen?

5

Womit komme ich nicht klar?

Weil uns heute ausreichend Mittel und Wege zur Verfügung stehen, wird von uns erwartet, dass wir mit allem klarkommen. Wer bin ich, wenn mir das nicht gelingt?

Leben & Sein

6
Wo lasse ich die Sau raus?

Wir alle haben gelernt, uns an die gesellschaftlichen und persönlichen Anforderungen unseres Umfeldes anzupassen, uns zu benehmen und so zu vermeiden, dass wir unangenehm auffallen. Wo riskiere ich, ganz ich selbst zu sein?

7
Wann, womit oder mit wem fühle ich mich unwohl?

Der fatale Anspruch an uns selbst, zu »funktionieren«, führt häufig auch dazu, dass wir uns selbst gegenüber eine gewisse Sensibilität vermissen lassen. Oft zwingen wir uns dazu, Menschen und Situationen zu ertragen. Welche sind es bei mir?

Leben & Sein

8
Was an mir ist gewöhnlich?

Natürlich bauen wir alle darauf, unvergleichlich und individuell zu sein. Dennoch ist es, um sich mit anderen Menschen verbunden zu fühlen, hilfreich, sich einmal die Persönlichkeitsmerkmale vor Augen zu führen, die wir mit vielen anderen teilen und die uns anderen ähnlich und damit »gewöhnlich« machen.

Leben & Sein

9

Beherrsche ich die Kunst des Lebens?

Unser Leben bietet uns einen großen Gestaltungsspielraum. Es liegt in unserer Hand, welche Entscheidungen wir treffen, welche Pläne wir schmieden oder wie wir auf Niederlagen reagieren. Es bedarf allerdings einer Vorstellung davon, wer ich bin oder wer ich sein möchte. Nur dann kann ich mein Leben als gestalterischen Prozess begreifen. Bin ich in diesem Sinne ein Künstler?

10

Wann fühle ich mich gemeint?

Ein wichtiges menschliches Bedürfnis ist es, sich als der Mensch, der man ist, gesehen und gemeint zu fühlen. Sei es im Job, in Freundschaften oder in der Liebe. Wann und bei wem spüre ich, dass es tatsächlich um mich geht?

11

Habe ich meinen Platz in dieser Welt gefunden?

Das Gefühl, nicht stolpernd und taumelnd in der Welt zu stehen, sondern seinen Platz gefunden und eingenommen zu haben, kann in unterschiedlichen Lebensaspekten fußen: Leiste ich den gesellschaftlichen Beitrag, der meiner Persönlichkeit entspricht? Empfinde ich meine Beziehungen und mein Tun als sinnvoll? Liebe ich?

12

Was schmälert meine Zuversicht?

Das Gefühl, dem Leben und seinen Anforderungen gewachsen zu sein, hängt unter anderem davon ab, wie wir den Ausgang der Dinge prognostizieren. Schöpfe ich Selbstbewusstsein daraus, immer skeptisch zu sein? Zweifle ich per se an allem, weil ich mich damit sicherer fühle? Bin ich Zweckpessimist, weil ich denke, mit dieser Haltung Enttäuschungen zu vermeiden?

13

Wann habe ich mich zuletzt sicher gefühlt?

Ein Job, ein regelmäßiges Einkommen, Rücklagen und eine anhaltende Partnerschaft sind noch lange keine Garanten für ein Gefühl der Sicherheit. Was brauche ich auf emotionaler Ebene, um mich sicher und geborgen zu fühlen?

14

In welchen Momenten fühle ich mich jung?

Unser inneres Alter weicht in vielen Situationen von unserem realen Alter ab. Diese Diskrepanz ist nicht selten die Quelle für überraschende Energie und Schaffenskraft. In welchen Situationen habe ich immer noch das Gefühl, alles schaffen zu können, und spüre einen Lebensgenuss, der meinem realen Alter trotzt?

15
Halte ich mich gern in der Vergangenheit auf?

»Früher war alles besser« ist ein Spruch, den wir gern den Alten, Ewiggestrigen zuschreiben. Wenn wir ehrlich sind, neigen wir aber selbst häufig dazu, die Vergangenheit zu verklären, wenn wir mit der Gegenwart unzufrieden sind. Wie häufig ziehe ich mich gedanklich ins Gestern zurück, um mich der Gestaltung von morgen nicht stellen zu müssen?

16

Worauf verlasse ich mich bei mir?

In unsicheren Zeiten kann ein Bewusstsein für die eigenen Ressourcen beruhigend sein. Auf welche drei zentralen Qualitäten kann ich in Krisen immer zurückgreifen?

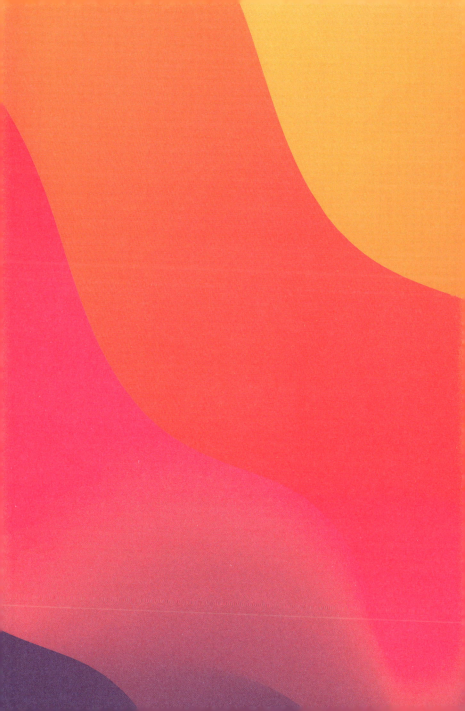

17

Bin ich wohlwollend?

Wir meckern, wir lästern, wir neiden —
und wollen trotzdem gut behandelt
werden. Häufig unterschätzen wir dabei,
wie sehr die Reaktionen anderer von der
Haltung abhängen, die wir ihnen
entgegenbringen.

18

Was habe ich unter Kontrolle?

Bei allen Anstrengungen, die ich unternehme, um mein Leben im Griff zu haben – wo gelingt es tatsächlich und wo will ich einfach nicht wahrhaben, dass ich meine Energie verschwende?

19

Welches meiner Bedürfnisse kommt zu kurz?

Erfüllte Bedürfnisse bilden die Grundlage für anhaltende Zufriedenheit. Was brauche ich alles, damit es mir gut geht? Und welche dieser Bedürfnisse behandle ich stiefmütterlich?

Leben & Sein

20

Für welche Täuschungen bin ich empfänglich?

Wenn es um die Erfüllung unserer Wünsche und Vorstellungen geht, machen wir uns nur allzu gern etwas vor. Bei welchen Themen lasse ich mich bereitwillig hinters Licht führen?

Die Autoren

Barbara Rörtgen ist Mentaltrainerin, systemische Beraterin sowie Gründerin und Inhaberin des Ideenlabors ENTWICKLUNGSHELFER. Seit nunmehr 21 Jahren berät sie gemeinsam mit Tim Prell Menschen in wichtigen Veränderungsphasen des Lebens, gibt Orientierung, entwickelt zusammen mit Klienten neue Perspektiven und schafft Klarheit, wo keine ist.

Tim Prell ist philosophischer Berater, ebenfalls Gründer und Inhaber des Ideenlabors ENTWICKLUNGSHELFER. Beide zusammen gelten heute als zwei der profiliertesten Stimmen in Fragen der Potenzialentwicklung. Ihre Coachingkonzepte werden wegen ihrer Einmaligkeit von der Presse regelmäßig empfohlen.

Barbara Rörtgen und Tim Prell leben und arbeiten in Düsseldorf.

IMPRESSUM

© 2022 GRÄFE UND UNZER
VERLAG GmbH, Postfach 860366,
81630 München

Gräfe und Unzer ist eine
eingetragene Marke der GRÄFE
UND UNZER VERLAG GmbH,
www.gu.de

ISBN 978-3-8338-8584-6
1. Auflage 2022

Alle Rechte vorbehalten. Nachdruck, auch auszugsweise, sowie Verbreitung durch Bild, Funk, Fernsehen und Internet, durch fotomechanische Wiedergabe, Tonträger und Datenverarbeitungssysteme jeder Art nur mit schriftlicher Genehmigung des Verlages.

Projektleitung:
Reinhard Brendli, Viola Schmid
Lektorat: Daniela Weise
Umschlaggestaltung und
Layout: ki36 Editorial Design,
Sabine Skrobek, München
Herstellung: Markus Plötz
Satz: Uhl+Massopust, Aalen
Repro: LUDWIG:media,
Zell am See
Druck und Bindung:
DZS Grafik d.o.o.

Bildnachweis

Adobe Stock: S. 12/13, 16/17, 32/33, 48/49, 52/53, 60/61, 70/71, 96/97, 104/105, 118/119, 120/121, 138/139, 148/149, 158/159, 170/171, 180/181, 182/183, 184/185; Creative Market: S. 14/15, 20/21, 22/23, 28/29, 34/35, 38/39, 42/43, 58/59, 64/65, 68/69, 74/75, 78/79, 82/83, 84/85, 88/89, 90/91, 100/101, 102/103, 110/111, 114/115, 126/127, 128/129, 134/135, 136/137, 142/143, 150/151, 154/155, 168/169, 172/173, 174/175, 188/189; Getty Images: S. 31, 108, 132, 162; Jens Ihnken: S. 190; Baran Iotfollahi/Unsplash: S. 54; iStockphoto: S. 94/95, 113, 160/161, 166; Plainpicture: S. 10, 27, 41, 72, 99, 147; Arno Senoner/Unsplash: S. 77; Stocksy: S. 2, 46, 63, 92, 125, 140, 156, 179 (Wh.), 187

Bildredaktion: Simone Hoffmann

Syndication: seasons.agency